U0905427

中华中医昆仑

陈介甫学术评传

张镜源◎主编

中国盲文出版社

图书在版编目（CIP）数据

陈介甫学术评传（大字版）/ 张镜源主编. —北京：中国盲文出版社，2015.12

（中华中医昆仑）

ISBN 978-7-5002-6834-5

Ⅰ. ①陈… Ⅱ. ①张… Ⅲ. ①陈介甫—评传 Ⅳ. ①K826.2

中国版本图书馆 CIP 数据核字（2015）第 316741 号

陈介甫学术评传

主　　编：张镜源
责任编辑：王丽丽
出版发行：中国盲文出版社
社　　址：北京市西城区太平街甲 6 号
邮政编码：100050
印　　刷：北京华联印刷有限公司
经　　销：新华书店
开　　本：700×1000　1/16
字　　数：42 千字
印　　张：6.5
版　　次：2015 年 12 月第 1 版　2015 年 12 月第 1 次印刷
书　　号：ISBN 978-7-5002-6834-5/K·440
定　　价：12.00 元
销售服务热线：（010）83190297　83190289　83190292

丛书编委会

前言

中医药是中华民族的伟大创造，是世界医学宝库中的夺目瑰宝，数千年来为中华民族的繁衍昌盛作出了巨大的不可磨灭的贡献，至今仍是中国医药卫生事业不可分割的重要组成部分，在维护民族体魄康健、促进经济社会发展中发挥着不可替代的作用。

中医药学，是中华传统文化和科技文明的结晶，是勤劳聪慧的中华儿女在几千年生产生活实践中，在与疾病作斗争的过程中，创造的独具特色的医学科学体系。它有着浓郁的民族特色、深厚的文化底蕴和丰富的哲学内涵。经过一代又一代中医药传人、一辈又一辈名医大家的实践探索、薪火传承、总结完善、创新发展，逐步形成了系统的理论体系、独特的诊疗方法、丰富的医学内容、实用的制药技术。具有疗效确切、用药安全、应诊灵活、普适简廉和预防保健作用显著的巨大优势，在世界医学之林独树一帜，为人类的文明进步与医疗保健事业，已经并正在作出积极的贡献。

为了弘扬中华民族传统文化，彰显中医药学家的丰功伟绩，当代中医药发展研究中心与中国文学艺术界联合会、国家中医药管理局新闻办公室、中华中医药学会、中国中医科学院、北京中医药大学、世界中医药学会联合会等精诚合作，在国家中医药管理局的支持和指导下，为中华近现代百年来贡献卓著、深受敬仰的150位中医药学家，编撰出版了这部大型传记丛书。丛书采用评传体裁，记载他们的生平事迹、医术专长、学术思想、传承教育、医风医德、养生之道和突出贡献，使这些宝贵的医学成就和精神财富发扬光大，千古流芳。

丛书取名《中华中医昆仑》。昆仑山，被尊为“万山之祖”，柱西北而瞰东南，立中国而凭世界，凌驾乾坤，巍然屹立。以其高峻豪迈、绵延起伏的磅礴气势，寓意中华中医药学历史悠久、博大精深和永不衰竭；以其挺拔雄伟、高耸入云的恢弘气魄，彪炳一代中医药学家的丰功伟绩、杰出贡献和不朽勋业。

丛书入选传主，从全国范围推荐遴选，遍及中医药界各个领域。有临床家、理论家、药学家、教育家、医史文献学家；有名师亲授、世医家教、学派传人、院校毕业和自学成才者；有师徒并驾、父子齐名和伉俪联袂者。他们学术造诣深厚、诊疗技术精湛、临床经验丰富、学科地位崇高、科研成果丰硕、医风医德高尚、国内外影响较大，从医学理论到临床实践，为中医药事业的传承和发展作出了突出贡献，是近现代百年来中华中医药界的杰出代表。

丛书的出版，对于弘扬中华文化，振兴中医药事业，造就中医药人才，普及中医药知识，具有重要的现实意义和深远的历史意义。这是一项开创性工作，填补了我国为著名中医药学家大规模撰写传记的空白；也是一项抢救性工作，因入选传主已仙逝过半，许多亲历、亲见、亲闻的史料日见散逸，将之收集整理、编撰成书，功垂后世、利国利民；更是一项承前启后的工作，总结传主经验，传承中医药伟业，继往开来，光耀世界医学之林。这部医文结合，富蕴历史性、学术性、文学性和实用性的鸿篇巨制，对医疗、卫生、科研、教育及全球关注中华中医药文化的各界人士，都有重要的参考和阅读价值。

丛书的编撰出版，是一项巨大的中医药文

化建设工程，在策划、撰写、编辑、出版过程中，自始至终得到了国家有关领导、政府部门及社会各界人士的关心和支持。国家中医药管理局高度重视，并组织专家对全书进行终审；数百名专家、学者亲临指导，参与规划；有关省、市、自治区卫生厅、局、中医局（处）给予大力帮助；传主及其亲属、弟子热情支持、密切配合；撰稿人深情满怀、辛勤笔耕；编审专家尽心竭力、精工细琢；关爱中医药事业的企业家热心公益、慷慨资助；全体工作人员不辞辛劳、无私奉献，这一切使从书得以顺利出版。对此，我们深表谢意。

由于时间紧迫和资料搜集困难，加之水平有限，难免有疏误之处，敬请广大读者批评指正。

中华中医药学，历史悠久，源远流长，发端于远古，奔向于未来。百年对于历史，不过是短暂的瞬间；百人对于万众，不过是沧海一粟。然本丛书所记载的百年百人，则无疑是波澜壮阔的中医药发展史上辉煌的篇章和光芒闪烁的璀璨星辰。

张镜源

从事学术研究，是一种高尚的求知工作，要有“知其不可为而为”的坚持。若为名利，则其次，甚至有不为者。

——陈介甫

陈介甫，祖籍福建省晋江县，1940年出生于福建省安溪县。著名药理学家、医药学术活动家，台湾现代医学机构体系的重要策划与筹建人之一。

1946年，陈介甫随双亲至台湾，在台湾完成小学、初中、高中、大学及研究生学业。1969年起，他先后在台湾“国防医学院”、阳明医学院（现阳明大学）、台湾“中国医药学院”（现台湾“中国医药大学”）及其他医药学校教授药理学，指导硕士研究生、博士研究生，参与阳明医学院药理学科、生理学科、神经科学研究所、药理研究所、传统医药研究所、生物药学研究所等的组织筹建及教学工作。

1969 年，陈介甫在台湾“国防医学院”任教时，即开始从事中药研究。1975 年，他转任阳明医学院教职，也主要研究中药。

1981～1982 年，陈介甫在美国犹他大学任客座教授，从事神经药理学研究，并于美国国家研究院及克里夫兰基金会医院任客座研究员。1984 年，他在阳明医学院院长率领下，至韩国、日本考察中医药之教学、研究及应用状况，并向台湾行政机关提出台湾中医药发展之建言。

1987 年，陈介甫任台湾教育机构之中医药教育研究改进小组召集人，1988 年任台湾“中国医药研究所”所长，至 2004 年退休。十余年间，他为该所的组织筹建、术业繁兴倾注了大量心血。如完成该所组织条例立法及约 4 万平方米研究大楼之兴建；争取约 162 公顷用于种植中药之土地；将台湾“中国医药研究所”之研究成果提升至国际水平；以该所为平台，致力于海峡两岸中医药学术交流，国际合作研究中草药；主持第十二届国际东洋医学大会。

陈介甫曾任台湾行政机构科技顾问会议专家，台湾“考试院”考选部命题及典试委员，台湾卫生机构医事审议委员，“中医药委员会”委员，台湾教育机构学术及医学教育委员兼中医教育召集委员，多个医药相关学会及基金会之荣誉理事长、理事长、常务理事、理事、监事，香港中文大学、浸会大学顾问，香港大学、青岛大学、南京中医药大学荣誉教授，罗马尼亚医学科学院荣誉院士，《中医药杂志》主编及多种医学杂志编辑及审稿人。

在学术上，陈介甫为台湾从事中药研究最具代表性的工作者之一。其最主要的工作，是对中药吴茱萸的系列研究，即有关化学成分、药物动力学及药效学研究；亦从事中药对心血管系统、中枢神经系统作用的研究，以及中药药效成分药物动力学的研究。

陈介甫的研究，不仅应用最新的医学研究方法，而且将中医药学理论（如阴阳五行观念等）贯穿其中，进行中西医结合、传统与现代结合的深度探索，更通过试验和科学依据证明中药确有药理作用，并将此卓著见解发表于高水平之国际性学术期刊。

陈介甫自 1971～2009 年共发表论文 400 余篇，其所从事之中医药研究一直受到台湾“科学委员会”支持及资助，两度获庆龄医学奖。其吴茱萸研究，获 2000 年第四届立夫中医药学术奖之中药奖。

艰辛而幸福的家庭记忆

陈介甫的祖籍是福建省晋江县河市镇浮桥乡。祖父陈廷虎，排行第三，乃前清秀才。1905 年废除科举后，陈廷虎开始学习中医，于河市后街创中医诊所兼中药行“士仁堂”，后迁至中街，更名“合和春”。1913 年，陈廷虎罹患鼠疫而殁，享年 48 岁，遗五男一女。当时，排行第六的陈志英（陈介甫之父）稚龄 7 岁。

1918 年，陈介甫的祖母倪助亦去世。陈志英从此离乡背井，自谋生计。他先至泉州、厦门中药行学徒，再到马来西亚当锡矿及橡胶工人。因得华人企业家王振相先生赏识，陈志英被提拔为会计人员，方有时间自修读书。他亦担任过华人企业家陈嘉庚先生所创的药厂之庶务。抗日战争爆发前，陈志英重返福建，于泉州平民中学就读，接着在厦门集美师范专科学校等机构受训。毕业后，曾在闽南从事教育及警政工作。

1939 年，陈志英 30 多岁时，与同为集美师范毕业之蔡玉洁结为伉俪。一年后的 11 月 18 日，他们的大儿子出生于福建安溪，这就是陈介甫。1951 年，陈志英辞警职从商。

陈介甫的外祖父蔡乙戎，福建漳浦人，系基督教长老会牧师。外祖母杨美推为助产士。母亲蔡玉洁是家中长女，自小就要帮忙做家务、照顾弟妹，并学女红。外祖父家的家风开明而和谐，兼备中西文化的优点，如他自己虽为西洋基督教牧师，却以古之变法大家、宋朝名臣王安石的字“介甫”为外孙起名，亦见对外孙的厚望。

到台湾后，蔡氏弟（蔡天士）妹（蔡玉卿）

跟陈府三家彼此很亲近，往来密切，子侄辈也相处融洽。傍晚在庭院里，外祖父时常为小介甫讲述《圣经》里的故事。给小介甫留下印象最深，并深刻地影响了他的是，外祖父受邀在斗六长老会讲道，题目为“信心”的一个故事。内容为：有位年轻人向一位少女求婚，准岳父说，你用头撞进墙，我就答应婚事。撞墙的日子到了，看到高墙，年轻人一面伤心，一面则是惧怕和犹疑。但为了爱情，他还是舍身冲撞，墙果然倒了，那只不过是纸糊的墙，墙内有乐队和安排的喜宴，而纸墙不过是考验他信心的摆设。外祖父那种神采飞扬的姿貌，年幼的陈介甫铭记在心。这个故事一辈子都鼓励着他，让他有面对未来的勇气和信心。

对于小介甫，儿时的记忆是朦胧的，辗转及生计的艰辛，与乡里的淳朴而恬淡的气息交织在一起。他对于外祖父在杜浔的家只有模糊的印象，只记得是石板马路旁的二层楼房。和乡下的孩子一样，小介甫承担着照料家人的责任，从中却也享受到田园生活的乐趣。陈介甫曾经在浮桥乡清澈的小溪里清洗二妹的尿片。

母亲产后因营养不良而长期卧床时，年仅5岁的长子介甫，就要生火熬稀饭喂妹妹。他记得，因为不会敲火石，便拿着盛木炭的盆子，走很远的路，到补锅铺子换火种，回家生火。劳动的艰辛，得来换回火种的喜悦。他记得，一次母亲用石臼给稻米去壳时，手不慎被石臼槌打，鲜血直流的惨状。还记得，乡下的孩子到田里挖甘蔗来啃，或把地瓜削成片状，埋在溪边的沙里，让太阳晒熟它的种种情景。

那时闽南还有老虎，这种罕见而凶猛的动物给乡里带来了危险，却也有自然之野趣。有一天晚上，老虎跳进了四合院把猪叼走了，猪的嚎叫声惊醒了睡梦中的陈介甫。隔天，村民们带着扁担、锄头，结队上山，只捡回猪头及一些内脏。台风这种“怪物”当然也会按惯例袭来，狂暴的风带来大量的雨水，让整个村子都变成泽国。台风走后，流水从山上冲下富含油脂的福杉，聪明而矫健的村民在腰上捆着大绳，将福杉捞起，削成小片，晒干，以供引火。当时，村里连火柴都没有，还停留在燧石取火的原始生活阶段，即用刀片敲打火石，敲出火花于草纸上，再吹燃草纸，使之着火。

1945 年，中华民族迎来了抗日战争的伟大胜利，普天同庆，欢歌载舞，这是陈介甫第一次关于国家民族的记忆。不久，父亲陈志英奉调至台湾，任虎尾警察所所长。随后，母亲蔡玉洁和二舅带着四个孩子，从泉州乘船赴台，经过三天两夜的航行，在台湾中部的白沙屯上岸，时值 1946 年端午节。陈介甫在船上因晕船而未进食，上岸后看到港堤上挑夫蹲着啃金黄色玉米的样子，他认定那是天底下最好吃的食物，至今仍记忆犹新。

那时的台湾，可谓百废待举，还偶有乱象。

前几年，壮丁被日本人送至战场。几年后，市区被美军轰炸的地方都还没重建。社会各界人士的观念、信仰、语言、文化、礼仪、政治等各种矛盾都表现出来，这是陈介甫对少年时代、第二故乡的记忆。家国兴衰的荣辱，渐入少年心。

“二二八事件”时，年纪尚幼的陈介甫随全家到台南二姨家避难。性格宽仁敦厚的父亲陈志英，在危急关头尽力帮助朋友，甚至救助不认识的落难者。陈介甫所知道的两人，一是陈海永医师，一是眼科医师陈篡地（他太太谢玉露是妇科医师），后来成为陈志英的终生挚友。陈府在家境艰困时，他们都伸出援手。这些给小介甫留下了为人处世的直观教育。

1951～1956 年间，因住房紧张，陈介甫家人栖身于陈海永医师开设的永山医院的三间病房中。母亲蔡玉洁继续担任教职，陈志英则辞去警职，经营各种生意，如卖蜜饯、豆腐乳，卖纸给印刷店等。当时，家中堆满卖不出去的商品。1958～1965年是陈介甫家最贫困的时期。父亲的生意一再失败，只能靠母亲一人的收入养活一家八口。母亲辛勤持家，每天一大早准备早餐，到菜市场买菜后，再到学校教书。冬天做萝卜干、芥菜干。生活虽然艰辛，但仍有些许欢快的片段。如母亲到屠宰场买回鲜猪血，灌进大肠煮，这是最营养的食物，也最有味道。另外，猪肺、猪头肉都较便宜，偶尔亦可享而食之。

虽然生活紧张困难，但父母对陈介甫的教育和砥砺从未松懈。陈志英要求年幼的儿子按字帖练毛笔字，更教他用闽南语背诵很多唐诗。像王维的《相思》、贺知章的《回乡偶书》等，用闽南语念起来朗朗上口，颇具情趣，陈介甫至今仍能清楚地背诵。

遥远的故乡、中国传统的味道，尽染其中，乡情四溢。陈介甫上小学时，蔡玉洁在学校协助班主任看管小介甫，晚上，则把《木偶奇遇记》上的故事一一讲给他听。初中、高中开学注册时，陈志英带着陈介甫拜访导师。小介甫成绩出现波动时，父亲耐心勉励，绝不行打骂棍棒式的教育。虽然督促严格，但却是慈父爱子。

陈志英对儿女以及晚年对孙辈的教育，也竭尽心血，一应事务，全力张罗支持。1965 年以后，因其注重人脉和品行，得以与台湾铝业公司合作，为其代销产品。因此，家境进入小康。一则靠产品价格稳定，更由于讲究信用，与合作者和顾客交道繁旺，生意蒸蒸日上。40 年来，得益于父母在经济上的支持，陈介甫无后顾之忧，得以专心教学研究；更因父母在精神上的教育激励，陈介甫得以排除万难，学术精进，培育桃李。

陈介甫父亲陈志英在 1994 年于 88 岁高龄逝世。母亲蔡玉洁在 2008 年于 96 岁逝世，他们共同生活了55年。次弟陈介秉弱冠逝世。三弟陈介山及三位妹妹均在台湾成家立业。

1965年，陈介甫自台湾“国防医学院”药学系毕业后，分配到台南的空军第二供应处当医药补给官，并结识了在成功大学会计统计系就读的林千惠。两人于1968年结婚，育有二子一女。林千惠照顾公婆、相夫教子，并协助家族铝业批发业务，夫唱妇随，可谓恩爱和睦，琴瑟和弦。陈介甫的后人也贤达聪慧，长子陈其伟在美国获工商管理硕士学位，长女于东海大学畜产与生物科技学系毕业，次子陈其欣在英国获管理硕士学位。陈家家业兴隆，后继有人。

刻苦而充实的求学历程

陈介甫的小学历程是在新的家乡台湾斗六镇一所小学度过的。母亲蔡玉洁是这所小学的老师。在老师的推荐下，他读了鲁迅的《阿Q正传》。六年级的导师王金钏，在陈介甫毕业时送他一本文学名著名句的书，里面有另一位现代作家郭沫若所写的《楚霸王自杀》。这就是他关于小学的记忆，最初受到的中国现代文化熏陶。

陈介甫中学就读于台湾虎尾中学，这段经历辛酸、充实而深刻。因为路途遥远，他冬天曾经骑一小时的脚踏车，从斗六到虎尾上课。冬天下午放学时，饥肠辘辘的他，又迎着寒风骑车回家。寒暑假时，他被母亲安排在小学的大礼堂打工，帮忙搬移小学生上课用的教科书。1960 年寒假时，他在同兴食品公司打点杂工，削荸荠皮。天寒地冻，四肢冰冷，刀又锋利无比，手指时常被割得皮破血流。

虽然求学殊为不易，但虎尾中学也给了他良好的启蒙教育。当时执掌校政的几位校长都是名教育家，陈介甫深受他们的影响。

1958 年 9 月，陈介甫考上台湾“国防医学院”医学系。1960 年，他改读药学系。台湾“国防医学院”原设在祖国大陆，迁台前，学生是从全国精挑细选的精英。院长和副院长及多名教授均毕业于北京协和医学院，还有些是祖国大陆著名医学院的学者。陈介甫在这里受到了全面而严格的教育，使他得以迅速成长为台湾地区、华人圈乃至世界医学界的青年俊杰。

1967 年，陈介甫考入台湾“国防医学院”的生物物理研究所，这里的学习要求更高，考核更严格。陈介甫主修药理学，在完成学业后，有幸留该医学院任教。

陈介甫学术真正起步的阶段，是在台湾经济和社会发展最关键的时期完成的。他的研究是在十分艰苦的环境下逐步成熟的。

在这种环境下，他克服物质条件的贫困和匮乏，以最大的努力开展实验。如 1970 年，将示波器上的影像反射到摄影器的反射器，大约需要 1500 美元，而陈介甫用 20 台币的黑色光面塑料板就代替了。他进行中药止痛、降血压、镇静作用的筛选试验时，用的仪器都很简单。他对后来人嘱托曰："近 40 年来，实验用仪器、设备及经费日益昂贵，我认为现代的研究主持人要想办法节省，例如和不同实验室的人共用实验大白鼠，不同实验室同时利用动物的血管、心脏、肠道、肝脏、脑部等器官做实验。"

筚路蓝缕，苦尽甘来。随着台湾经济、科技条件的改善，陈介甫的研究也获得了明显的成果。1981 年，陈介甫在阳明医学院升为教授，同年到美国犹他大学生理学院，在 Woodbury D. M 及周先乐教授指导下，作有关癫痫的研究。如测定在癫痫时不同离子、酸碱度、碳酸酐酶，以及不同通透酶活性的改变及药物的影响，发表了两篇研究论文。另在美国国家卫生研究院做过海马回切片（Hippocampus slide）的实验，在克里夫兰基金会医院担任客座研究员。不惑之年的陈介甫，以自己辛勤的努力和优异的成绩，成为华人医学界乃至国际医学界的新秀。

深邃的研究和学术思想

陈介甫毕生致力于中医世界化，他对中药之研究思想，产生于现代医学之理论、方法背景下，贯穿着中医阴阳五行相生相克之观念，更结合了对西方哲学和科学的认识。

陈介甫对于中国传统优秀文化，如儒、释、道等各派先贤与西方智者的思想，皆有自己的理解，形成了自己的宇宙观、认识论与实践论。此类思想对于提升医学工作者乃至其他人士的认识与行动能力亦有增益，展示出一位医学大家的高明境界。

陈介甫推崇道德经“道可道，非常道”之说，也看重禅宗的非经文字、语言，直诉心灵的顿悟“不可说”。他以此告诫研究人员，虽然研究工作需要提出证据，要探索新知，清楚地解释它的意义，是一种不求功利的高贵情操，但是如果想有所成就，不只在于努力，正如佛家所言之慧根，还要有机运。研究深入之后，才会了解生命及宇宙太神秘了，我们的所作所为只不过是“知其不可为而为”而已。因此，对宇宙和未知之敬畏应该是医学甚至科学工作的基本认识背景。

先师孔子曰：“朝闻道，夕死可矣。”陈介甫把这种精神作为从事研究的基本准则，将基础研究当作不讲功利的、只为求知或满足人类最高级的情操——“好奇心”的活动。也因为没有功利驱动，才可能作出成绩，因此获得更大的功利。陈介甫亦认为，在讲求功利、经济发展的竞争时代，在基础研究之外，在研究的成果上，更要讲究实际应用与经济活动，绝不可偏颇，这也符合儒家之“经世致用”的原则。

影响过陈介甫的也有西方和印度的先哲。他将古希腊人希波克拉底的名言“科学创造知识、意见及无知”置在会议室门前的墙壁上，在于提醒大家，不要因注重科学及数字，而产生众多意见，反而不知真相，丢失了某些创造和直观的能力。印度的阿优吠陀将学识分类为逻辑学、基本粒子的理论、演化及因果、瑜伽、伦理及直观（无法口授的智慧）。在数千年前，人可知的知识和现代人相比，实在是太少了，可是对有智慧、有直观的人，像佛陀、孔子，他们的教诲，两三千年来教导着无数的后代。因此，务必要强调生命的奥秘难解，研究工作之艰苦。而先有这样的认知，才能知其不可为而为，只为解惑，不为名利。同时，敬重先哲的智慧，敬重生命为其整体。在他的办公室中，陈介甫写下一副对联：“生命奥秘万古迷，研究艰辛杵针期。”这是他对从事科学研究的认知或对研究者的期待。

陈介甫对中药之研究，融合现代科学之理论、方法，并贯穿中医阴阳五行相生相克之观念。陈介甫认为，中医药学是建立在哲学基础上的，即人和宇宙一样，是阴阳、五行（金、木、水、火、土）所组成的。阴阳、五行的平衡是人身心健康、宁静、舒适的根本。他将此与西医学的根本理论进行比较，认为和现代生理学、化学所提出的“生命体体内环境平衡(homeostasis)”有契合之处。过去中医因为进入现代科学体系的时间较短，现代体系的试验和证据不足，受到广泛的诟病，然而经过陈介甫考察，今天已知许多器官的细胞质分泌影响（或主要作用于）其他的器官。

“不要认为定义模糊就不好，而是应该去尊重中医的模糊。因为，人是一个不可分割的整体，药性的作用非常灵活，而生命现象更是无法完全清楚的。”

陈介甫考察 20 世纪治疗学上所应用的药

物，大多是人工合成的药物，主要根据科学（生化、生理及统计学）的资料化合制造而成，有着明显的副作用，其疗效也有待提高，并因为昂贵的研究费用造成了未来的忧患与问题。而陈介甫认为，作为掌握了中医原理的现代医师，有责任将传统中医的精华奉献给医学界和患者，既是广大中医学者的责任使然，也是解决医学问题、救死扶伤的使命所在。因此，过去30年来，陈介甫利用现代科学原理、精密的仪器，系统深入探讨，以求所获结果令人信服。同时，在阴阳五行相生相克的理论上思考，将中医传统话语模式与现代科学体系充分结合，将中医学的观点——阴阳五行、君臣佐使、中药之七情，转化成现代药理学的观点，也就是药物的相互关系。

陈介甫多年研究发现，人口的老化、相关的慢性病，经常是多因素引起的，而中药及其方剂产生临床疗效的可能原因为：

（一）某一化学成分产生专一性生理、生化作用。

（二）某一化学成分在不同细胞、器官或不同系统产生之综合结果，或在同一细胞、器官或系统作用之综合结果，或不同成分在不同细胞、器官或系统作用之综合结果。

（三）单一或不同化学成分或其代谢物与内生性物质之相互作用。

现代医学也提供了多种技术进行中药的研究，从而可以更清楚地了解这些药物的药效与中医理论、中药炮制理论的关系。

在这样的思想指导下，陈介甫将中医的古老探索与现代医学技术加以充分结合。如分离中药药效成分，而研究其生物活性；研究中药部分纯化物，发现有些中药的部分纯化物，其毒性比药效成分低，药效强度强，而且更经济实惠。他通过研究降血压中药，试图发现目前西方医学所不了解的新的作用机理，找到了

158个治疗高血压、中风的方剂，每首方剂平均含10味中药（有的是两种药，最多的21种，大部分是8～13种）。在这158个方剂中，一共有168种中药，其中只有23种中药的效用已知，其他145种还不知道其作用。5种具有钙阻断作用，5种具有利尿作用，5种具有直接的血管扩张作用，9种具有对中枢神经的作用，4种对交感神经有作用。共有116个方子中含有钙阻断作用的中药。

陈介甫发现，这些方剂之成分所具有的作用机理，几乎包括现有西药的作用机理，而且成本低廉。这较为成功地诠释了中药的味数较多，且各种医药一起煎熬、互相搭配辅助的事实。

以下是一个古方今解的方例：

白芍二钱，白术二钱，白扁豆二钱，茯苓二钱，黄芪二钱，甘草二钱。以上六味共为一两二钱，外加红枣两枚，生姜五片作引，服时忌大荤。

服法：全副药剂，放入砂锅内，加水两碗，以文火煎成一碗，于上午服下；下午再加水一碗半，亦以文火煎至一碗服下，残渣即弃去，次日再换新剂，如法炮制。如是服用数日或十数日，病症即可减轻，但须继续服用，直至痊愈后，仍须服用八至十日，可保以后不再复发。

这是陈介甫领导的台湾“中国医药研究所”及台湾“中国医药学院”携手合作，筛选民间治疗肝病的验方。首度证实：清代名医叶天士所遗留下来的治肝炎方，具有明显抑制乙型肝炎病毒复制的效果；在体外试验中，乙肝病毒表面抗原与e抗原活性皆明显被抑制，显示其抑制肝炎病毒效果。专家认为，这个验方确可供肝病患者作为日常养身保健之用。

祖国大陆肝病人口众多，历代流传的治肝病方也特别多，如何去芜存菁，并验证其疗效，成为台湾与祖国大陆中药学者争相研究的目标。

陈介甫指出，他和台湾“中国医药学院”院长谢明村、“中药研究所”教授张永勋等人，针对历代肝病验方进行科学实证研究，已筛选出叶天士肝病方，确有疗效。

陈介甫介绍说，该研究小组先搜集中医师常开的中药治肝方，计有柴胡疏肝散、加味逍遥散、一贯煎、血府逐瘀汤、甘露消毒丹及叶天士治肝炎方等六种中药复方，抽提其主要成分后，再以取自人类肝肿瘤细胞株进行体外试验，观察这些验方的抗病毒活性，并以酶联免疫分析法（ELISA）进行验证。结果发现，叶天士治肝方效果最为显著，不仅可有效抑制乙肝病毒表面抗原，连 e 抗原也受到明显抑制。

陈介甫表示，目前医界在评估抗乙肝病毒药物的疗效，均以表面抗原与 e 抗原为检验指标，而叶天士治肝方在体外试验中，证实能避免病毒复制，且随着剂量增高，抑制效果增强。此外，该验方并无细胞毒性，不必担心它对人体有害。

同样的，研究人员也发现，目前坊间流传的治肝方，有不少是虚有其名，实则没有一点疗效。因此，民众不应随意以身试药，特别是对肝功能不全的病患，可能会适得其反，甚至是雪上加霜。

陈介甫指出，不论是现代新药开发，还是尊重古典中药理论这两个方向，都是中药研究缺一不可的道路。从天然的草药、矿物药、动物药来纯化单一成分、萃取新药，一直是医药界的主要道路，像治疗疟疾的奎宁、强心的地黄素、止痛的吗啡，还有众多运用广泛、救人无数的抗生素，都是从天然草药或霉菌中找出来的。在已有研究结果的基础上，陈介甫提出中药之研究方向：

（一）以现代新药开发的方式，找出中药的药效成分，再修筛其化学结构，以增强药效，降低毒性，可以从一种中药或复方着手。

（二）研究单一中药之有疗效的部分提取物，同时确定其生物活性，保证质量的均一性，以更有效地利用天然资源。研究如何确保复方之中药质量，发挥中药及现代医学多靶点治病的作用。

（三）找出药效成分，并研究作用原因及药理作用的全貌，以判断作为前驱药（prodrug）的可能；证明药效成分是什么，或者不同成分间彼此利用什么方法来加强另一化学成分的药效，或降低其毒性。以化药方法改变前驱药的化学结构，或利用人工合成法合成，以期获得药效更强、毒性更低的改进药物，而发展为医药界对之有信心的新药。

陈介甫在医药学术研究中投入精力最大、时间跨度最长、影响力最卓著的有如下几个方面：

（一）中药药效成分动力学研究。

（二）吴茱萸化学成分及药效学研究。

（三）人参之化学、生物学活性及药物动力学研究。

（四）甘草药效成分之药物动力学和配伍研究。

（五）粉防己之功效和药物动力学研究。

（六）中药部分提取物及复方研究。

丰富而前沿的学术探索

陈介甫的医药学术研究范围广泛，这从他指导的研究生研究题目及发表的论文可见。截至2010年，陈介甫署名的中药研究论文共有421篇，大部分是用英文撰写的，发表于国际性学术期刊中。另有专论31篇，专著6部及主编的11集《台湾地区中医药文献摘要专辑》。论著中强调，药物对不同器官或系统的作用不同。他常举例说，使用逾百年的阿司匹林，具有止痛、退热、抗炎、抗凝血及防癌的作用，它对胃肠道、酸碱度平衡有影响，长期服用会对听觉、视觉及中枢神经有副作用，会引起过敏等反应。所以对中药的研究，也要注意其不同的作用。

陈介甫参与的研究如下：

一、中药药效成分动力学研究

陈介甫认为，研究质量确定的中药及方剂的药理作用是中药研究的重要方向。《神农本草经》将多服无毒、能轻身延年者，归为上品药。久服多服无毒，这种想法和现代药理学的观念不符。药物服用后，吸收的快慢，分布到身体的哪一部位，在身体被代谢的程度，排出体外的程度，均影响此药在作用位置的浓度，这方面的学问叫做药物动力学。知道给药的剂量，多少时间要再给药，和其他药物的相互作用，才能合理用药。这是除了研究单离成分外的另一方向。在陈介甫发表的研究论文中，有关中药药效成分药物动力学之研究，大部分是与蔡东湖教授联合署名的。研究的药物包括中药方剂中最常用的甘草的成分甘草酸、甘草次酸，川芎、升麻之成分阿魏酸（ferulic acid），大黄成分大黄素（emodin），川芎成分四甲基吡嗪（tetramethylpyrazine），厚朴成分和厚朴酚（honokiol）、厚朴酚（magnolol），细辛成分细辛醚（asarone），吴茱萸成分吴茱萸碱（evodiamine）、去氢吴茱萸碱（dehydroevodiamine）、吴茱萸次碱（rutaecarpine），马兜铃成分马兜铃酸（aristolochic acid），牡丹皮成分牡丹酚（paeonol），栀子成分去羟栀子苷（geniposide）、格尼泊速（genipin）、栀子苷（gardenoside）、去羟栀子苷酸（geniposidic acid），黄芩成分汉黄芩素（wogonin）、黄芩苷元（baicalein），茵陈蒿成分蒿属香豆精（scoparone）、绿原酸（chlorogenic acid），蛇床子成分甲氧基欧芹酚（osthol），三七成分甘油三酯（triacylglycerols），粉防己成分粉防己素（tetrandrine），菊苣成分马粟树皮素（aesculetin），桃叶成分柚皮素（naringenin），月桃成分醉椒素（kawain），人参成分三亚油酸甘油酯（trilinolein)，喜树成分喜树碱（20〔s〕camptothecine）等。

总的来看，在研究中药部分纯化物上，其出发点是慢性病及与老年化有关的疾病。由于其致病因素是复杂的，所以无法只用一种药物就可有效处理。而中药或方剂，其成分是复杂的，如果在千百年来的经验上，加上现代药物质量管理的方法，则中药或方剂粗提取物或部分纯化物之应用，在疗效及经济上，应该比使用单离的成分更好。

二、吴茱萸化学成分及药效学研究

陈介甫研究时程最久、层次最高、范围最广的中药是吴茱萸。此项研究始于1979年，他与廖志飞教授共同指导研究生何文士医师。这是台湾与祖国大陆合作交流的研究课题，以台湾“中国医药大学”为平台，根据辛超群教授建议，一共研究含吴茱萸在内的四种中药的50％乙醇提取物的利尿作用。该项目以停流

（stop flow）方法，即在给药后，分段收集从肾流入输尿管的尿液中不同电解质的含量，从而判断利尿作用产生于肾小管的哪一段。同时测定血压、心率、心收缩力，并将心导管置入麻醉狗右心室，以测量心室舒张期及收缩期的压力。结果发现，吴茱萸有短暂的、因强心而引起的利尿作用，含有升血压成分辛弗林（synephrine）和降血压成分去氢吴茱萸碱（DeHE）、吴茱萸碱（Evo）、吴茱萸次碱（Rut），并鉴定出七种新的如 aceptophenones 及 7-hydroxyrutaecarpine 的化学结构。三种降血压成分之作用，与抑制心肌、升高血管内皮细胞钙通道、刺激一氧化氮之释放、抑制血管平滑肌之钙通道有关。吴茱萸及 DeHE 可抑制肠蠕动。

DeHE 抑制吞噬细胞 RAW264.7 被干扰素及内毒素诱导之转录（transcriptional）及转译（translational）层次的一氧化氮制造，而 Evo

则有抑制干扰素之早期讯息（signaling）的作用。这些抗炎作用说明，吴茱萸可用于处理败血症。吴茱萸粗提取物对动物具有止痛，抑制探搜行为，及抑制活动性作用。大剂量粗提物更可抑制四肢之协调。DeHE 对于治疗老年痴呆可能有帮助。DeHE 及 Evo 均具有降体温作用。关于 DeHE、Evo 及 Rut 的药物动力学，及其对不同药物代谢酶的影响，及与其他药物并用的影响，研究团队也有深入研究。例如他们发现，DeHE 及 Rut 口服给药后，血中浓度甚低之原因并非吸收不好，而是代谢快所致。他们对其代谢物之化学结构加以鉴定，并已人工合成。1995 年，研究团队报道过 Rut 与其人工合成衍生物之抗癌作用。他们还研究了不同炮制、不同地方、不同时间采收的吴茱萸药理作用之不同，研究了吴茱萸乙醇提取物及所含四种药效成分抗炎作用的差异。另外，吴茱萸之部分提取物，在大白鼠实验中显示，其抗败血症作用优于其主要药效成分。

近十年来，中、日、韩、美及欧洲诸国对吴茱萸均有出色的研究成果。研究表明，吴茱萸之成分对心血管、胃肠道有保护作用，有抗癌、抗氧化、抗血管硬化、减肥、治糖尿病、防止紫外线引起之皮肤老化、皮肤癌及异位性皮肤炎作用。陈介甫与他的同事有关吴茱萸成分与药物代谢酶、吴茱萸与其他药物相互作用，及药物动力学的研究也一直在延续。在中药药理作用机理的研究上，陈介甫于1981年在《台湾医学杂志》发表论文指出：吴茱萸之乙醇提取液，经减压浓缩后，再以蒸馏水调整至2.5g/ml之干燥生药，再测定此溶液之酸碱度（pH），钠、钾、钙、氯等离子之含量，如此计算服用或注射给药量后，动物之生理、生化变化，是不同离子或是植物所含药效成分所引起的。此实验表明吴茱萸具有以下特性：

（一）以腹腔给予小白鼠之一半致死剂量及

其95%可信限，分别是每千克体重8.05g及7.35～8.82g，所以吴茱萸的急性毒性很低。

（二）在2～4g/kg之剂量由腹腔给药下，对小白鼠的探索行为（对环境的好奇心）及正常活动性有显著的抑制作用；在4g/kg之大剂量下，才对小白鼠的踏车行为（代表四肢的运动协调与平衡能力或中枢神经）有抑制。

（三）在30～240mg/kg静脉给药下，可以部分阻断刺激麻醉猫坐骨神经引起的比目鱼肌之收缩反应。

（四）在相同剂量下，吴茱萸使麻醉猫血压上升，呼吸变弱，心跳先微降，后加快。

（五）吴茱萸静脉给药（初剂量25.8mg/kg，维持剂量每分钟1.3mg/kg），使麻醉狗收缩压及心室压升高，但心跳变慢，呼吸先抑制，后加快。

（六）对清醒大白鼠和麻醉狗的电解质（钠、钾、氯、氢）及排尿量无影响。

1981年发表在《美洲中医药杂志》（Amer J Chinese Med）上的吴茱萸对心血管作用的研究表明：

（一）蛇根碱（Reserpine）预处理，并不阻断吴茱萸对清醒大白鼠的升压反应，但交感神经甲型接受器阻断剂（Phentolamine），则有阻断作用。

（二）吴茱萸引起的麻醉猫眼部瞬膜收缩作用，也可被Phentolamine阻断，但不被自主神经节阻断剂降低。

（三）吴茱萸对清醒大白鼠的血压上升作用，可被交感神经乙型阻断剂（Propranolol）或切除两侧肾脏而降低。

（四）吴茱萸可使大白鼠离开主动脉条收缩，Phentolamine（酚妥拉明）使剂量反应曲线向右平行移动。

（五）吴茱萸可使大白鼠离体心耳收缩加强，心跳加快，Phentolamine使其剂量-反应曲线向右平行移动，但心跳加快的作用，不但不因增加吴茱萸的剂量再行出现，反而有抑制心跳的现象。因吴茱萸内含有可直接作用于交感神经甲型和乙型接受器的物质，而刺激心血管系统，此为辛弗林（synephrine），但吴茱萸另可抑制心血管作用之物质，从而展开近30年的吴茱萸研究。

吴茱萸的研究亦可作为药物动力学研究的代表。如已知药物口服或在皮肤外用，需经过吸收之过程，而直接注射者，则可直接进入身体，再分布到身体各部分。如果药物大部分分布在血液或体液，则构成所谓一部门模式(One - compartment model)。如果可以测定到分布到身体的二部门，则称二部门模式(Two - compartment model)。依此类推，药物分布到身体后，会经过生化转换步骤，或者代谢的过程，最后将代谢物排出体外。这种药物经过吸收、分布、代谢及排泄的过程，就是药物动力学的研究对象。总言之，就是药物服用后，随时间的延长，在体内浓度（一般依血中浓度）变化的情形。

1994～1995 年，陈介甫团队分别测定了 Rut 及 Evo 静脉注射后于大白鼠血中的浓度，发现在经过一段快速分布期后，继之为一段长期的排出期，并呈现二部门模式。口服吴茱萸或吴茱萸汤，使茶碱（Theophylline）在血中之浓度下降，这和提升药物代谢酶 CYP1A2 的活性有关。而连续口服三天 Rut、吴茱萸乙醇提取物及吴茱萸汤，使注射咖啡因后血中之浓度下降。进一步研究显示，Rut 为肝的某些药物代谢酶的活化剂，但对大白鼠及人类，P4501AA 有抑制作用。酒精及吴茱萸的水提取物可促进药物代谢酶之活性，Rut、Evo 及 De-HE 为此作用之活性成分，增加 7 - ethoxyresorufin U - deethylation 之作用达四倍，而吴茱萸汤中的四种中药，只有吴茱萸及

Rut 具有此作用。Rut 之衍生物 10 -和 11 - methoxy - Rut 为 CYP1B1 的抑制剂，而 1 - methoxy - Rut 及 1，2 - dimethoxy - Rut 为 CYP1A2 的抑制剂。体内 10 - hydeoxy - Rut 的形成，可被 P4501A 诱导剂加强。

综上所述，陈介甫对于吴茱萸的研究，不可谓不细致，而其得到的结果，也可以说丰富而面面俱到。英国诗人布莱克在他的诗中说过："从一粒沙看到一个世界，从一朵野花看到一个天堂。"

从有关吴茱萸研究的结果，陈介甫相信一个药理学家，也可以从一颗小的吴茱萸果实，看到它的复杂性及与动物体内不同部位神奇的相互作用，看到上苍给予人类的广博而深厚的恩赐。

三、人参的化学、生物学活性及药物动力学研究

周先乐教授与陈介甫于 1976 年即发现，红

参（蒸煮过之人参）对清醒大白鼠具有降血压作用，以后又发现，红参对不同老年痴呆的实验模式证明，具良好的预防及保护作用，也有助于阴茎勃起。他还研究人参所含脂溶性药效成分——三亚麻油酸甘油酯（trilinolein），亦存在于刺五加、川芎、当归、柴胡、赤芍、白芍、三七、丹参之中，已知此活性成分具抗氧化、防止心肌梗死、抑制血小板凝集及舒张血管之作用。还研究了三七多糖之免疫作用。

对于人参的研究，陈介甫著作颇丰。他与张均田教授合编的中文及英文版《人参之化学、生物学活性及药物动力学研究发展》专著，于北京出版。另在台北出版《人参、性、老年痴呆》一书。

他对中国人参与西洋参之化学与药理作用加以比较，发表于《中国药理学杂志》。2009年12月，他在云南文山做了三七多糖及 trillionolein 药理作用之演讲。2008 年在长春举行的人参国际研讨会上，陈介甫与韩国研究人参的学者分别就最新研究及临床资料说明，中国之红参具有降血压、降血糖、抗氧化、降血脂、抗凝血等作用。

四、甘草药效成分之药物动力学和配伍研究

甘草是传统中药方剂中最常使用的药物，如在《伤寒论》之 113 个处方中，含甘草者有 69 方，在《金匮要略》之 143 个处方中，含甘草者有 85 方。陈介甫与蔡东湖利用高效液相层析仪分别测定甘草中甘草酸、18－α－甘草次酸（αGA）和 18－β－甘草次酸（βGA）在不同溶媒提取下之含量，并求得每克甘草以水提取可约得 65mg 之甘草酸。同时发现，此甘草 50％乙醇提取液含有 187 种以上之成分。而在 Carrageenan 注射之大白鼠脚掌诱发之炎性水肿，甘草次酸的抗炎作用强于甘草酸。陈介甫与蔡东湖研究甘草酸不同剂量静脉注射大白鼠及兔后之药物动力学，从而认为，它属于剂量相关的药物动力学形态，这表示甘草酸剂量加大，在体内存留的时间是非线性的，也说明甘草酸在身体内被代谢或排出体外的程度是有限度的，因而容易积蓄在体内。

陈介甫与陈甘霖教授从事两种甘草次酸GA之安定性研究，认为在25℃之室温下，α－GA之半衰期为9.2年，而β－GA之半衰期为8.6年。他还与胡幼圃教授合作，研究甘草及其他“君、臣、佐、使”药中“使”药加强其他药物吸收的作用，发现它们可以用于经皮吸收的制剂中，当作皮肤吸收增强剂。

五、粉防己之功效和药物动力学研究

1976年，周先乐教授证明粉防己对小白鼠（热板法镇痛效果评估法）具有止痛效果。陈介甫于1997年研究粉防己碱之药物动力学，同年与黄怡超教授研究长期及急性服用粉防己碱对门脉高血压之降压作用。1999年与沈郁强、宋晏仁共同研究发现，粉防己碱抑制心肌因缺血引起伤害的原因，与抑制中性粒细胞的活化有关。2001年，他与沈郁强进一步比较了特殊制备的粉防己提取液与纯药效成分粉防己碱（tetrandrine）、防己诺林（fangchinoline）的抗炎作用，发现特殊制备之粉防己提取物抗炎作用强于粉防己碱、防己诺林，而且毒性更低。他还与香港大学黄明德、彭继道教授共同证明，此特殊制备之粉防己提取物对心肌之保护作用强于粉防己所含个别药效成分。2002年，他与周正仁教授共同研究 tetrandrine、fanchinoline 及 oblongine 之 HPLC 测定法。

六、中药部分提取物及复方研究

在研究中药部分纯化物上，陈介甫认为，研究质量确定的中药及方剂的药理作用，是除了研究单离成分外之另一方向。例如，他的团队研究显示：

（一）对 β - amyloid 导致的神经毒性，无保护作用的抗氧化成分 quercetin 及 probucol

能加强植物雌性素 apigenin 的神经保护作用。这就是现代药理学上所说的加强作用（potentiation）。

（二）人参之非主要皂苷对兔阴茎海绵体具有最明显之舒张及增压作用。这与一般所认为的人参增强性功能主要是皂苷所引起的，不尽吻合。

（三）粉防己之部分纯化物，其抗炎、心肌保护、抗高血压及抗心律不齐作用，比粉防己素高，且毒性低。所以使用粉防己部分纯化物比用其纯化物更为合理。

（四）吴茱萸之部分提取物抗大白鼠败血症的作用，优于其主要药效成分。

（五）研究中药方剂吴茱萸汤、吴茱萸提取物及不同药效成分对药物代谢的影响。

陈介甫发表的学术研究论文，数量多，质量高，可从一篇述评中窥见一斑。2003 年，《中成药》杂志上刊登了一篇文章，题目是《世界药物植物学研究态势概述》（撰稿人：高柳滨、江晓波、陈桦）。该文经过统计宣布，发表于 SCI 国际性学术期刊的 15 位高产作者中，印度的 Kumar・Sushil 及 Khan・M・R 分别为第一名和第五名，日本学者占 8 位，美国伊利诺大学药学系之 Pezzuto・John・M 为第十三位，而陈介甫教授为第六位。这也是华人学者中的唯一上榜者。可见陈介甫带领的团队已经得到国际医学界的广泛承认与敬重。中医走向世界，得到现代科学体系的接受与尊重，陈介甫功不可没。

从教学到学术活动

1975年，陈介甫自台湾“国防医学院”退伍，到阳明医学院任教，继续在阳明医学院医学系主任、药理学科主任周先乐教授指导下做研究。1978年，周先乐教授到美国犹他大学任教，陈介甫以副教授身份代理阳明医学院药理学科主任。阳明医学院韩伟院长认同中医药研究为阳明医学院发展的重点。在韩院长的鼎力支持下，陈介甫在阳明医学院开始大显身手。在阳明医学院服务期间（1975～1988年），他使阳明医学院的药理研究所成为中药研究之“重镇”。因其杰出的学术领导能力，陈介甫于1988年被台湾教育主管部门聘任为“中国医药研究所”所长。在他主持该所工作期间，该所组织法得以通过，还兴建了新研究场所，争取到药园用地。该所研究能力及水平得到大力提升，成为台湾中医药研究的代表单位。同时，他还协助成立了阳明医学院传统医药研究所及生物药学研究所。

在阳明医学院期间，陈介甫开始了他对中药药效及作用机理的研究工作。自 1975～1981 年，主要有如下重要发现：

（一）在传统用于降血压之 108 种中药中，于动物模式中有 31 种具有降血压作用，5 种中药具有升血压作用。

（二）27 种传统用于止痛的中药中，有 10 种在动物实验中确有作用。

（三）12 种退热中药中，有 8 种在动物实验中确有退热作用，其中 3 种效果优于阿司匹林。

（四）吴茱萸之成分辛弗林（synephrine），

因作用于交感神经而有升血压作用，但另含有降血压成分。

（五）有7种中药具有降胆固醇之作用。这些成果分别发表在不同的学术期刊上。至1983年，阳明医学院药理学科对中药的研究已有相当成果。陈介甫在学术地位日见提高的同时，开始了他20多年的学术交流活动。他随韩伟院长赴韩国、日本，考察中医药在那里的研究发展情况，收集有关文献资料，并考察台湾岛内中医药教学研究之现状。经考察，韩伟与陈介甫提出建议：

举办座谈会以沟通观念；设立“中医药现代化委员会”，以策划及推动中医药的研究；鼓励各医学院及大专院校成立以研究中医药为重点的研究所以训练人才；增加“中医药研究所”之编制及预算，以提升研究成果的质量；协助医药学院充实师资，以提升教学与研究水平；协助卫生主管部门之中医药委员会以发挥其功能。

其时，中医发展受物质条件和部分医学人士偏见的限制，如因大部分中医药研究属于长期研究项目，无法申请一年度短期研究资助，再加上审批机关对研究计划之审查为专家审查制度，只能锦上添花，不能雪中送炭。陈介甫遂联络同道，为中医发展争取应有的权利和地位。

1986 年元旦，陈介甫与台湾 50 位从事化学、药学及药理学的学者联名撰文，表达了对中药及天然物研究的关切与期望，希望相互支持，彼此配合，有组织地长期合作，并提出设立“中药及天然物研究中心”。在他们的影响和推动下，1987 年 2 月，台湾教育主管部门负责人指示成立“中医教育研究改进小组”，并推选陈介甫为小组召集人。继任的台湾教育主管部门领导对此也极其关切，组织“改进计划发表会”，经半年十余次召集有关医药学界专家学者数十位讨论，完成了如何改进医药教育及研究有关问题的建议书。

“改进计划发表会”上，各位学者踊跃参会，积极进言。如陈介甫报告《中药研究群之规划》和《中医药研究资料之收集、整理及应用》，胡幼慧、王荣德教授报告《中医药应用现况调查》，王廷辅、张永贤教授报告中医师临床训练之制度化，“发表会”最后由陈立夫资政做总结论，反驳“中医不科学”、“中药好，中医不好”的错误观念，赞同天人合一及《易经》，要求台湾教育主管部门认真重视研究中医、西医及中药之改进。

当时通过的整个改进计划之策略为：

（一）教育主管部门应加强对台湾“中国医药研究所”之支持。

（二）成立中医药研究群，并宣示从事中医药研究工作者，宜按国医馆于1932年通过之学术标准大纲五项原则，对中医药加以整理。

（三）提出八项执行要点，并强调中医药之科学化为长期性工作，应列为行政、教育及研究机构之政策性长期坚持之重点，以防“人治”，而造成“人亡政弛”之敝。

陈介甫任教于阳明医学院时，曾遇到无数困难和阻力。他通过台湾“中国医药学院”董事张成国教授（中医师）的介绍，得以拜见著名政界人士陈立夫先生，并得到了陈先生的支持和勉励。

后来，陈介甫任“中国医药研究所”所长，因遇到困难而有退意时，陈立夫先生知道后表示：“我已九十，还在做事……永远要奋战，不可退却”，并以“任重道远”、“天道无亲，常与善人”及夫妻相处之道“爱其所同，敬其所异，则家和而事兴”的墨宝相赠。于是，陈介甫更加知难而进。

除阳明医学院外，陈介甫后来又在不同大学教书，主持台湾高级别研究机构，任教经验更加丰富，对大学历史考察日趋详细，视野更加广阔，对大学及其教育有独特的认识和体悟。他指出大学的历史及特性：大学的历史源自沙勒诺（Salerno）。9世纪时，在意大利南方靠近那不勒斯之沙勒诺有医学院出现。至10世纪初，沙勒诺已声名远传法国宫廷，很多人也至此就医，这是最早类似或可称为大学之机构。11世纪末意大利出现了玻洛格纳大学，有医学、哲学系。它争取到免于外力干扰的学术自主权。近一千年来，大学成为高等教育场所、学术研究机构和文化传播平台。由大学部及研究生部、教授及行政人员组成。可以包含文、理、法、商、医、农、工、艺术及体育学院，以训练要获得学士、硕士或博士学位的人。不容乐观的是，近年来由于大学数目增加，学生水平下降，本来由政府支持之经费逐年减少，校长把办学的重点变成斤斤计较盈亏，这是大学的一种沉沦。大学不应为了研究和论文之发表，而忽略首要的教学任务，尤其对大学学生权益应加以重视，这才是民族未来的希望所在。早期大学训练神职人员，继而培养政府官员，再进而为社会培养精英分子。虽然现在高等教育普及，但仍然只有以培养社会精英分子为目的的大学，才可能是名校。

陈介甫归纳提出，世界名校或一流大学的条件或因素有：

（一）历史悠久，积淀深厚：很多名校都有悠久的历史，如牛津大学成立于1167年，耶鲁大学成立于1701年，普林斯顿大学成立于1746年，东京帝国大学成立于1877年，北京大学成立于1898年。只有悠久的历史，才能形成特有的传统，拥有更多杰出的校友。如美国排名第一的普林斯顿大学，仅物理系的教授就有3位诺贝尔奖得主。普林斯顿有两位毕业生曾当选美国总统（詹姆斯·麦迪逊和沃华德夫·威尔逊），约80位毕业生当选美国参议员。该校的毕业生捐助母校金额甚高，捐助师生比例也高，因此该校一半以上的本科生都能享受奖学金。校友成为大学成长的重要支持力量。

（二）优良的生源：优良的生源经过大学教育，再进入社会工作，社会才会有更多杰出的人才。如以前的大英帝国容纳受它管辖地区的优秀人才到它的大学，或像第二次世界大战以后，美国广泛吸收全世界的精英学者或学生到它的大学或研究机构。

（三）良好的师资：除了要有好的学生，良好的师资也是名校的特质。良好的师资从好的校长开始，他们要了解社会目前及将来的需要，懂得任用有能力的学校干部，在全校均衡发展与重点发展中间取得平衡点，不再为他们个人的学术发展而计较，把重点放在创造好的学术环境给下一代。要能与不同意见的人士沟通。与其他学校和机构公平合作。好的教授则要在他教学或研究的领域有丰硕的学识、创新的动力，并耐心地带领、启发学生，懂得与人合作。

（四）社会宽容，学术自由：一个名校，只有在包容安定的社会，或有崇高的学术自由气氛的环境中，才能培育出来。在富裕而稳定发展的社会条件下，才可能孕育出名校来。

（五）经费充足：上述的条件或因素，都要有充足的经费支持。吸引好的学者要有优厚的薪金。大学还要有充足的研究经费、完备的仪器及场所以培养研究生。另外，要有好的奖学金制度，以支持天分好但经济条件不佳的学生。如果因为大学资源缺乏，而使校长们风度全无，实在是太得不偿失。

从中医研究到科研机构之寄望

20 世纪 80 年代后期，陈介甫时任阳明医学院药理学科主任及药理研究所所长，主要从事中药药效成分药理作用之研究，并任教授 7 年。在台湾“中国医药学院”（兼）任教 19 年，这期间积累的经验使陈介甫掌握了中医药发展的大原则，对中医发展的现状和急迫问题了然于胸，他在等待一个更高更大的平台，以发挥自己的才学和心力。

机会很快就到来了。1988 年，台湾“中国医药研究所”所长请辞，陈介甫遂于 4 月 1 日受聘为“中国医药研究所”第三任所长。在台湾教育主管部门负责人等政界人士大力支持下，陈介甫开始大展宏图。他迅即拟定《五年工作计划书》，力争让研究所的研究水平和力量更上一个台阶，其内容及实施过程包括：

一、益请台湾教育主管部门支持

陈介甫通过一系列申请与活动，得到了台湾教育主管部门、“卫生研究院”，及有关部门的支持。台湾教育主管部门负责人指示，为了使台湾“中国医药研究所”成为确实掌理中医药研究的学术机构，与大学、医学院及研究单位合作，将根据“中国医药研究所组织章程”办事，提出“组织条例”草案，而成为法定研究机构。1995 年 1 月 17 日，台湾有关部门通过编制员额为 72～99 人之“中国医药研究所组织条例”，并于元月 28 日公布实行。

二、组织条例之立法、研究场所之兴建

为兴建研究场所，有关部门指示与阳明医学院合作，兴建台湾中国传统医学大楼甲、乙两楼。从 1989 年开始规划，至 1996 年完工进驻。

研究所主要从事有关中医药之研究、实验及发展等事宜，或容纳博士后研究人员、研究助理及不授予学位之研究生。研究部门分四组，即中医基础医学研究组、中药及天然药物研究组、药物化学研究组、中医药临床医学研究组。

研究计划包括基础学术研究、中药学研究和中医学研究三大块。其中，中药学研究主要涉及中药性味毒性之研究与制剂、中药有效成分与药物接受器之作用、中药药物动力学研究、中药之栽培等方面。中医学研究主要包括针灸疗效研究、中医脉证学之研究、中医药免疫系统之研究、中医药防治老化之研究、中医药疗效之临床评估、中医药现状的调查等。在此基础上，研究所狠抓了修订组织条例，兴建台湾中国传统医学大楼，培训及招揽科技人才，行政业务自动化等重要措施的落实。同时为健全中医药研究体系，拟定了五年工作计划，包括基础研究及中药慢性毒性方面、中医药资料中心加强方面，并期附设公办民营医院以及中药疗效临床评估等工作。

三、与阳明医学院之合作

1989 年，“中国医药研究所”与阳明医学院签订合约及合作备忘录，文本大意为双方合聘人员；共同从事学术研究；共同训练研究生；阳明医学院提供场所，供“中国医药研究所”使用，兴建研究大楼、医院、诊所、中药厂及学生宿舍。

四、研究水平之提升

陈介甫担任所长后，在研究所已有降血压中药研究的基础上，请周正仁研究员加紧有关中药化学成分之分离与化学结构鉴定，与台湾大学化学系郭悦雄教授、台湾化学所萧明仁研究员合作，训练所里研究人员，自日本购买自发性高血压及正常血压大白鼠，改善动物房。后由汪贵珍继续抗高血压中药之研究。中药药理方面，则与阳明医学院药理学教师合作。

为了迅速提高研究所的研究水平，调动助理人员、青年工作者的积极性，陈介甫鼓励助教（研究助理）、讲师（助理研究员）以带职进修的方式，由中医药研究所提供经费，使中医药研究所进修人员与指导教授配合，拟定学术论文之研究项目。先后有汪贵珍、邱文慧、林云莲等九位博士完成学位。与国外杰出学者合作，如美国加州旧金山大学梁栋材院士、美国北卡罗来纳大学教会山庄分校之李国雄院士、加拿大阿伯塔大学的刘行让教授、王家璜教授等。也有南非、蒙古、哥斯达黎加、法国、美国之学生或学者到中医药所从事天然物（植物药）的研究。

五、中医药文献之整理

自担任台湾“中国医药研究所”所长以来，陈介甫即在台湾“中国医药学院”董事长陈立夫及校长协助下，聘请不同学者，开始编印

《中国古典医籍新解丛书》、《中国医药研究所丛书》，以现代医学观点阐释中医药，以使中医药易于让现代人认识。

陈介甫的工作又一次得到了陈立夫先生的大力支持。1996年，在台湾“中国医药研究所”成立40周年暨新研究大楼落成时，97岁高龄的陈立夫先生亲书贺词：“此屋之落成，将使吾国祖先经五六千年对医药研究所得之智慧成果，得与世界近代之自然科学方法相结合，而能对全世界人类疾病作极大之贡献……不亦伟乎。”贺词现存于该所图书馆。台湾科技活动家李国鼎资政亦送匾额“杏橘华茂”以示祝贺。

工夫不负有心人。十多年以来，研究所在陈介甫的带领下，各方面研究工作取得了显著成效。1993～1998年共发表研究论文287篇，其中2/3刊载于国际杂志上。研究成果包括：小金樱根部、狭菜蒿花部、馒头果颈部等数十种中草药方剂，研究分离之药效成分150种，全合成药效成分30种以上。此外，在抗癌作用、抗血小板凝集作用、抗高血压及舒张血管之活性作用等药物动力学研究方面，在甘草、吴茱萸、当归等药物动力学研究方面，在中药粗提取物对动物行为之影响等毒理学研究方面，在利用培养技术诱导具有抗癌活性之中草药研究方面，均取得了重大研究成果，并申请研究专利四项。

虽然硕果累累，但陈介甫在台湾“中国医药研究所”也有悲伤的时候。例如，他失去了挚友彭继道教授。彭教授曾为加拿大阿伯塔大学生理系主任，分别于阿姆斯特丹、悉尼举行之国际药理学会组织中药药理的专题，邀请世界各地的学者参与报告讨论，又到香港大学主持了中药研究计划案，是位才华横溢、创造力和领导力高而备受广泛尊敬和欢迎的学者。惜于2005年5月因车祸去世，留下未竟之志，真可谓天妒英才。另外，与陈介甫共同研究灵芝的李旭生教授也于2006年7月逝世。对陈介甫而言，则是痛失共同奋斗的好友。

陈介甫执掌台湾“中国医药研究所”16年，对研究机构之工作与理论有丰富的经验，对于研究机构的历史和功能进行了细致的考察，以下是他的认识和寄望精要：

研究机构之兴起，从18世纪的工业化时，在工厂开始聘用研究人员（科学家）从事研究工作。1870年在德国成立的理工研究所，从事工厂度、量、衡的标准化工作；之后成立的Kaiser Wilhem Gesellschaft（后改名为Max Plank）则提供不同公司间科学合作所需的仪器及设备。在美国，爱迪生电光公司于1867年聘用了20位科研人员。1901年，美国成立了标准局。但直到第一次世界大战，美国的公司如通用电器、杜邦、美国电话电报公司、西屋、柯达等才积极从事研究与开发的结合。第二次世界大战期间，执行曼哈顿计划的洛色拉摩斯原子弹小组，则是结合政治与科学以从事开发工作的团队。研究与开发之密切关系于第二次世界大战期间才被认知。基础研究工作与开发（应用）工作的分野，也同时开始。

学术研究机构的出现，以研究为主要任务，使有研究能力的人专心工作。将来有关科技的研究及发展，研究机构应担负更大的责任。专门学术研究机构与大学研究所不同之处为：大学研究所之基层研究人力为研究生，而专门学术研究机构则应为博士后研究人员。台湾及一些地区之学术研究机构，因为经费不足，尤其聘请博士后研究人员之经费不足，而发展出与大学共同培养研究生，希望自行招收研究生的解决方式，以期获得廉价人力。要拼经济（应用）的国家，仍要投入一定比率的研发经费，用于研究机构水平的维持。应用或开发的基础是研究，在研究与开发之间，如何拿捏轻重，考验掌管经费分配人员的智慧与远见。

陈介甫总结了十余条促使研究机构发展之因素，丰富而完整，是他 20 多年心血的集萃，简要来说，包括：

（一）科技及信息之获得：在因特网发展的时代，困难度已很低。

（二）活动国际化：与外界（生产、行政）之交流，扩大与其他学者、机关、学校、国家的合作。近年来，在祖国大陆举办的国际性学术会议增加，这是进步的动力之一。

（三）纯学术与实用并重：实用是建立在学术的基础之上。

（四）要有良好的人力配置（包括不同项目、不同水平、不同年龄之科技人员）及培育：其实，一个机构只要有少数杰出人员，就会改变机构之实质及声望。研究机构主持人要做的是，使不同天分、兴趣的同仁发挥所长。

（五）良好的设备及支持系统：尽量减少研究人员在研究工作以外之烦恼。

（六）充足之研究经费：这是负责人及主要干部要去争取的。

（七）好的研究环境：良好的合作精神及热烈的学术气氛。

（八）努力发表研究成果于好的学术期刊：在投稿审稿过程中，可以学习到更多的观点，更应该注意的细节，即使被退稿，也必须用心依审稿人之建议或看法，补实验或修改内容，再投另一期刊。

（九）经营的关键——掌理“人事”及有效且无私地运用“经费”：运用“人事”及“经费”的目的，在于使机构内的人能充分发挥才能，使“经费”之运用，达到最大效果。其机关首长要设法为研究人员提供工作的机会、环境，以提升他们的知识及工作能力。要预测可能的危机及应对办法，而不可退缩，或轻率地放弃责任。

（十）在如何用人及聘用新人方面：对拟聘

用的人，要知道该人所接受的教育、已有的成就。要了解新人的性格（坚持、弹性、待人、合作、接受命令、与人之默契、独立性）及品行（有高尚的情操、廉洁，但不要有极端的政治性及宗教性）。

（十一）领导人素质：要下达简明扼要的命令。扬长避短，勿推功诿过。培养自己的沟通能力，聆听他人意见，以交换思考。对事不对人，除非必要，不要立刻反应决定。宣传及提高机构的知名度，争取经费。

广博而经世致用的涉足领域

几十年的学术研究，使陈介甫对中医药的药性和品管要点，中医药的开发和植物保护等问题都有深刻的认识，并以对社会医疗问题的深入思考与理解，对政府和有识之士提出了长远期望，为中医的未来发展找到了一条道路。

一、中医药使用趋避要点

陈介甫经调查和总结，发现一个现象——由于很多中药已应用数千年，一般人最常有的观念就是中药毒性低，或根本无毒。甚至传统的中医药从业人员也相信，代代相传的炮制方法，可以降低或去除天然药物中的毒性成分，而使得中药无毒，多服或久服不仅不伤人，还可轻身益气、不老延年。陈介甫认为，药物只要有药效，一定会产生不同程度的毒性。例如，生命所必需的水、氧及营养品，多服也有毒性，何况是药物。另外，古代人的平均寿命低于现代人很多，以前古人不注意药的慢性毒性作用，但现代人用药，就要考虑用药后 10 年、20 年，或更久以后对身体的不良作用。

另外，中药（方剂）的品管原则也要得到重视：

（一）一张方剂可能含有机理不同而产生同一疗效的成分，也可能不同植物含同一成分。

（二）化学成分与生物活性的监制要同时考虑。

（三）品管要从植物基地开始（重金属、农药污染）。

（四）除了传统药用部分，要考虑其他部位的利用。

（五）在贵重仪器（如 LC/MS/MS、基因表达）和简单的方法（TLC、离体器官）的应用之间，要取得平衡。

（六）化学成分含量之标准，本来就取自天然物中含量的中值，所以大量的天然物一同制备，其药效成分自然得到合乎标准的产品。

二、中医学与植物开发保护

陈介甫对野生动植物的开发与保护也非常关注，并将其思考与中药材的收集和药理学的研究相结合。地球上已知品种的生物约 140 万种，依据哈佛大学威尔逊的估计，全世界的生物约可达 3000 万种以上。另一位学者柏里在研究热带雨林的昆虫后，估计有 5000 万种之多。据伊利诺大学生药学教授法恩华斯报告，在现存的 25 万～75 万种高等植物中，只调查过其中 5%～15%的生物活性，而且迄今为止，所有调查并不彻底。如金明儒教授，就送过 3000 种台湾植物提取物到美国国立癌症研究所（NCI）选汰它们的抗癌作用，从而发现约 3%

有作用。该所从 1960～1981 年，一共从事了 35000 种 12 万个植物提取物验品的抗癌（实际上是对细胞之毒性）作用研究。陈介甫发现，当时的检验，对这些提取物是否具有其他生物活性，并未足够重视。所以他认为，根据或然率，再利用现代提取及分离方法进一步检验，从植物界发现新的生物活性物质的机会相当多。另外，海洋中的植物，也是人类不曾加以注意的资源。现在已有很多国家开始研究海洋生物，它们也是开发生物活性物质的良好对象。

另一方面，他也对自然生物保护的缺失提出严正警告。他说，数十亿年才形成的地球上的不同生物，由于人类不懂得珍惜，滥杀动物，滥伐森林，以及工业化带来的酸雨，估计再过数十年，百万种以上的动植物将永远从地球上消失。而从它们身上发现生物活性物质的机会，将同它们一起被带进坟墓。这是对自然犯罪，也是对人类自己犯罪。

三、独到而深刻的教育思想

陈介甫在进行医药科学研究的同时，还不懈地进行教育工作。他认为，修养情操是教育和医学工作的头等要务，无论东西方都颇为重视。如古罗马早期的君王努马，教导罗马人要言而有信。我国古代的孟子则说："何必曰利，亦有仁义而已矣。"对于教育，陈介甫希望后来的教育界人士能够像蔡元培、胡适、蒋梦麟、梅贻琦等校长那样，奉献教育，节操清高，不依权贵，不自私自利。

（一）平民教育是陈介甫教育思想的重要内容，从年轻时就一直影响他。自先师孔子始，儒家的教育原则是"有教无类"和"因材施教"，但著名学者胡适先生却宣扬西方文化，反孔反儒。陈介甫在求学时，读到《胡适与国运》。书中认为，胡适"打倒孔家店"的主张，是中国近代社会动荡的主要原因。这使得陈介甫虽敬仰胡适，但对胡适的某些理论、教育主张却有所保留。他开始切实思考儒家文化对社会和教育的意义，为他后来高平台、高水准的教育事业做了很好的思想准备。

教育活动与实践家晏阳初先生和教育学家雷通群先生也给了他很深的印象。晏阳初先生奉新教伦理和启蒙运动的主旨——平等、劳作，提倡平民教育及农村复兴运动。雷先生所著之《西洋教育通史》指出，现代提倡的“民主”与“科学”，要广大人民从小就接受教育，还要建立对成人持续的终身教育制度，才可能落实。陈介甫认为，提倡平民教育，使广大平民的潜能得以发挥，是伟大的工作，其精神是高尚的。他将此主旨贯穿于自己毕生的教育工作中。同时，陈介甫从整脊疗法等诸多事例得出结论，平民教育是惠及全人类、全社会的事业，要有平等的理念和博大的胸怀，其要旨欲得以贯彻运作，就必须与某些盲目狭隘的团体抗争，克服盲目团体主义的危害。

平民教育的思想、现代终生教育的理念，使得陈介甫努力推动医学普及事业。1996 年，陈介甫在主持“中医药研究所”工作时，响应新任中药商全联会理事长徐庆松的呼吁，希望“中医药研究所”培训中药商，以加强其学术基础。他转请台湾教育主管部门批准该培训课程，获得成功。继之，陈介甫又在台湾教育主管部门的终生教育政策框架下，开展视障人士的按摩班训练、传统整复的培训，对象是台湾近 8000 名中药从业人员，另培训传统整复员近 1000 名。

同时，他将平民教育的理念寄望于现代大学。他认为大学要培养终生好学、爱人民、爱社会的人。学生应当受好的教育，师长应当言传身教。只有这样，才能培养更多优秀的人才，国家民族才有前途。

（二）教学相长。陈介甫的教育思想之二便是教学相长。他对此总结说："几十年的研究，我最大的感触是，好的学生能驱动老师，以最大动力使老师提升自己。"

第一个影响他的是中国现代研究中药的学者陈克恢的指导教授施密特（C. F. Schmidt）。施密特教授在其指导陈克恢并合作完成麻黄素研究成果的论文发表时，将陈氏列为第一作者。

陈介甫的大部分学术成就，如中药粗提取物对离体器官的作用，追踪药效成分，以分子生理学研究作用机理（涉及肾功能、心血管系统、中枢神经系统、癌症及中药炮制等）等，是在他团结同仁、指导学生的活动中完成的。但陈介甫认为，这些成果更要归功于年轻、努力工作的研究生们。如他的一位学生蔡东湖，在陈介甫指导下，研究中药药效成分的药物动力学，专心于中药给药剂量及时程的合理性。他勤奋工作，有旺盛的精力、杰出的创造力，后来成为全世界利用微透析法研究药物动力学最有成果的学者之一，也对陈介甫的学术研究提供了中药药效成分动力学的支持。他们师徒可谓教学相长的经典案例。

关于教学相长，陈介甫将自己的经验加以总结，主要有以下四点：

其一，好的学生、杰出的同事，是鞭策自己的最好力量。一个学术单位的领导人，最重要的工作，不是追求自己个人的名利，而是创造更好的研究环境给后继的同仁。

其二，实验室内的仪器及所利用的科技日新月异，所以不要只训练学生如何利用仪器设备，而要让他们建立信心，提高解决问题的能力。

其三，不要长期自行指导研究生，而要与更年轻的学者共同为之。

其四，好的学生，要从本质上去挑选，再进一步培养。世界上知名的学府，最重要的是有好的学术自主气氛、好的师资及学生。

四、中医的开发与社会医疗问题

陈介甫对中医的历史有着较为深刻的考察，并将中医与社会问题加以结合，对中医在未来的社会责任与地位提出了深刻见解。

众所周知，清朝末年，西学东渐，大力提倡科学，而视中医药为不科学，以致中医受到打压，大为没落。陈介甫认为，20世纪中叶之前，一般国民生病时都以传统中医药来治疗，接受西医治疗的只有少数达官贵人，废止中医不是为政应有之道，不是明智之举。

考察世界范围，本世纪以来，西医新药开发越趋不易成功，开发的成本节节升高，各国政府对新药核准之门槛提高了。对药物的毒性，社会上有时会因记者学识不足而作出夸大不实的报道，令民众心生畏惧，以致药厂被迫将药下市而损失惨重。研发的新药数目近年逐渐减少，药厂经营日益困难。可以预期，20年后，大药厂可能再无并购对象以生存下去。这些事实需要得到重视，需要切实思考，在人类生活水平不断提升的情况下，现代医学与传统医学如何互补。因此，中药以及其他非西方民族所用传统药物的地位和作用不能被忽略，而应推陈出新，继往开来，从中找到新的药物。自从20世纪70年代，美国与中国开展了政治、文化及科学的交流，中医的国际影响力日渐扩大，中医学所应用的传统而古老的方法，如运动(太极拳)、按摩、中药，尤其针灸止痛等，已渐渐得到各国人士的支持与信任。

另一方面，就我们社会自身来看，已呈现老龄化趋势。过去20年，药物市场急剧扩大，这个市场的增加，主要是由于人口年龄形态的变化、经济快速发展及都市化所带动的。因此，医疗的重点转向以处理心血管病、癌症、神经系统疾病、骨质疏松症、免疫功能性疾病等慢性病及老年病为主，造成了政府和人民巨大的经济负担和花费。在如此巨大的压力下，中医具有更现实的意义。

陈介甫认为，利用中药（方剂）的部分纯化物，和西医技术并用，而开发简单、安全、有效的新中药方剂，是中医开发的一条已经展示其价值的路子。他认为，许多西医的特效药极其昂贵，如降血脂药 lipitor 全世界销售量一年 140 亿美元。而中药的价格能让更多人接受。大约 30 年前，就有治疗糖尿病的中药问世，而陈介甫自己也发现了 400 多个治疗糖尿病的方子。陈介甫研究发现，利用多种机理的多种中药，比单一化学成分的西药好，而且毒副作用比较低。中药方剂利用多种机理的多种中药，可以解决个别中药标准化的问题。陈介甫与同道正在试图搭建这样一个平台，以图发展出新的中药方剂。中医可以不负众望，在中国及世界其他许多地域，填补因为西医诸种现实问题受到制约而留下的需求空间。这是陈介甫经多年关注、考察和研究得出的振奋人心之论。

除了发展医药，陈介甫认为，有识之士要教育大众如何从小及早注意营养、体重及恰当的运动，自己照顾自己及家人的健康，像针灸、自行按摩、身心调整等简便有效的方法，要大加利用。

幸福而充实的晚年

2004 年，陈介甫自公职退休后，继续在阳明医学院及台湾“中国医药大学”兼任教职，协助生技公司新药开发，参加学术活动。例如参加“中国生化分子药理学”会议、海峡两岸心血管会议、药理学教学研讨会、国际药理学会、分子植物学研讨会等。

他积极促进两岸之合作，如参加在厦门之海峡两岸中医药发展与合作论坛，在澳门成立的中医药科技合作中心任副主席，在世界中医药学会联合会任常务理事。他很注重研究国际药物市场、人类学及历史。闲暇时，他喜好欣赏音乐，看电影，在家中享受含饴弄孙之乐。

回顾陈介甫70余年的人生历程，确乎值得青史留名。他出生于抗战时的闽南，抗战后稚龄随双亲至台湾，完成学业，从事医药教学研究及行政工作，主持阳明医学院药理学科及研究所13年。主持台湾“中国医药研究所”工作及担任所长达16年。曾任台湾教育机构学术审议委员、医学教育委员兼中医药教育召集人。2000年获立夫学术基金会学术奖。他对中药吴茱萸的研究成果，融合现代医学之理论、方法，并贯穿中医阴阳五行相生相克之观念。《中华药学杂志》2003年10月纪念陈介甫教授退休的专刊中指出，陈教授是台湾推动中医药研究之先驱，是有远见及脚步坚定而快速的工作者。可以说，陈介甫是中国传统医学乃至文化与世界科学体系接轨的关键人士，为中医得到世界医学界的认可辛勤研究、不懈奔走，效果颇为卓著，贡献不可磨灭。

在台湾“中国医药研究所”二楼演讲厅的

贵宾室里，墙上挂着陈介甫精心安排的一对白鹤国画，对联为“云无心以出岫，鸟倦飞而知返”。这出尘的字画，恬淡闲适，心境平和。这大概是引导陈介甫从事教育、研究及行政工作的指针。烈士暮年，壮心不已，陈介甫，这位中药现代化研究的开拓者，中医世界化的不懈推动者，将继续奋斗探索，为中国医学的发扬光大，为世界人民的医疗福利，贡献绚丽的光辉。

（撰稿人　苏昭穆）

《中华中医昆仑》丛书 150 位医家名录

（按生年排序）

张锡纯	丁甘仁	萧龙友	王朴诚	恽铁樵
曹炳章	冉雪峰	谢　观	施今墨	汪逢春
孔伯华	黄竹斋	吴佩衡	蒲辅周	陈邦贤
李翰卿	李斯炽	姚国美	陆渊雷	张泽生
时逸人	张梦侬	叶橘泉	王聘贤	陈慎吾
邹云翔	赵炳南	承淡安	余无言	刘惠民
岳美中	沈仲圭	秦伯未	赵锡武	韦文贵
程门雪	黄文东	赵心波	董廷瑶	吴考槃
章次公	石筱山	陆南山	张赞臣	李聪甫
刘绍武	陈存仁	朱仁康	陆瘦燕	姜春华
韩百灵	高仲山	李克绍	王鹏飞	刘春圃
金寿山	哈荔田	何世英	周凤梧	干祖望
关幼波	王为兰	任应秋	罗元恺	祝谌予
杨医亚	郭士魁	何时希	耿鉴庭	俞慎初

裘沛然　顾伯华　江育仁　邓铁涛　门纯德
刘渡舟　尚天裕　朱良春　李玉奇　程士德

尚志钧　赵绍琴　董建华　米伯让　李辅仁
张珍玉　班秀文　颜正华　于己百　颜德馨

路志正　方药中　王乐匋　黄星垣　谢海洲
余桂清　何　任　王子瑜　程莘农　陈彤云

焦树德　张作舟　张　琪　李寿山　张镜人
王绵之　方和谦　印会河　王玉川　蔡小荪

李振华　马继兴　王嘉麟　宋祚民　刘弼臣
王雪苔　刘志明　吴咸中　李今庸　任继学

裴学义　王宝恩　周霭祥　贺普仁　唐由之
赵冠英　许润三　金世元　陆广莘　刘柏龄

徐景藩　吉良晨　吴定寰　沈自尹　王孝涛
张灿玾　周仲瑛　强巴赤列　张代钊　李经纬

郭维淮　柴松岩　苏荣扎布　陈可冀　李济仁
夏桂成　郭子光　巴黑·玉素甫　张学文　陈介甫